BEI GRIN MACHT SICH IHR
WISSEN BEZAHLT

AF137348

- Wir veröffentlichen Ihre Hausarbeit,
  Bachelor- und Masterarbeit

- Ihr eigenes eBook und Buch -
  weltweit in allen wichtigen Shops

- Verdienen Sie an jedem Verkauf

Jetzt bei www.GRIN.com hochladen
und kostenlos publizieren

GRIN

Der Finnisch-Sowjetische Winterkrieg. Strategien und Gründe für den Kriegsverlauf

GRIN

Bibliografische Information der Deutschen Nationalbibliothek:

Die Deutsche Nationalbibliothek verzeichnet diese Publikation in der Deutschen Nationalbibliografie; detaillierte bibliografische Daten sind im Internet über http://dnb.d-nb.de abrufbar.

ISBN: 9783346703484
Dieses Buch ist auch als E-Book erhältlich.

Druck und Bindung: Books on Demand GmbH, Norderstedt Germany
Gedruckt auf säurefreiem Papier aus verantwortungsvollen Quellen

Das vorliegende Werk wurde sorgfältig erarbeitet. Dennoch übernehmen Autoren und Verlag für die Richtigkeit von Angaben, Hinweisen, Links und Ratschlägen sowie eventuelle Druckfehler keine Haftung.

Das Buch bei GRIN: https://www.grin.com/document/1265511

Johannes-Scharrer-Gymnasium
Nürnberg

Abiturjahrgang
2022

S E M I N A R A R B E I T

Rahmenthema des Wissenschaftspropädeutischen Seminars:

Der zweite Weltkrieg

Leitfach: **Geschichte**

Thema der Arbeit:
David gegen Goliath – Der finnisch-sowjetische Winterkrieg

Abgabetermin: **9. November 2021**

Inhaltsverzeichnis

1. Einleitung

In der Bibel wird die Geschichte eines kleinen Hirtenjungen beschrieben, der furchtlos seinem übermächtigen Gegner, Goliath, gegenübertritt. David, der Hirtenjunge, siegt entgegen allen Erwartungen. Mit dieser biblischen Metapher werden Duelle veranschaulicht, die durch ein starkes Kräfteungleichgewicht charakterisiert werden. Der Finnisch-Sowjetische Winterkrieg ist ein Beispiel für eine typische „David gegen Goliath"-Situation. Anfangs 600.000 Soldaten[1] mit modernen Waffen und nahezu unbegrenzten Ressourcen auf der einen Seite gegen ein kleines Land, mit wenigen (maximal 280.000[2]) Soldaten mit schlechter Ausrüstung ohne Verbündete auf der anderen Seite. Das Resultat konnte nur, und darin waren sich alle Beobachter einig, einen überwältigenden Sieg für die Sowjetunion ergeben.

Doch Finnland fügte der Sowjetunion viele verlustreiche Niederlagen zu. Auch wenn die Sowjetunion am Ende des Krieges durch den Moskauer Vertrag faktisch gewonnen hatte, erzielten die Finnen nicht nur den moralischen Sieg, sondern blieben auch ein unbesetztes, unabhängiges und demokratisches Land. Wie ist dies den Finnen trotz ihrer deutlichen Unterlegenheit gelungen?

Diese Frage wird in der folgenden Arbeit näher untersucht werden. Dafür soll in den ersten Kapiteln ein kurzer Überblick über den Winterkrieg gegeben werden. So behandeln die Kapitel zwei bis fünf die Vorgeschichte, die Ausgangslage, die Strategien und den Kriegsverlauf. Anschließend wird in Kapitel sechs versucht werden, die komplexen, multikausalen Zusammenhänge des Kriegsverlaufs aufzuklären.

Berücksichtigt werden zuerst die äußeren Faktoren (Wetter und geografische Lage) des Krieges. Im nächsten Unterkapitel wird die strategische und politische Effektivität, sowie die taktische und operative Effektivität (beides im Rahmen der militärischen Effektivität) der Finnen untersucht. Um den Krieg vollständig zu erfassen, geht es in dem Abschnitt danach um die Fehler der Roten Armee (Vorbereitungsfehler, Fehler in der Kriegsführung und Schwächung durch stalinsche „Säuberung").

Gezeigt werden soll, welche verschiedenen Faktoren für den Kriegsverlauf verantwortlich waren.

---

[1] Vgl. Wilmott, H. P., *The Great Crusade*. London, 1992, S. 66.
[2] Vgl. Tuunianen, P., *Finish Military Effectiveness in the Winter War*. London, 2016, S. 2.

2. Die Vorgeschichte

Die Geschichte Finnlands ist eng mit der von Russland verknüpft. Teile Finnlands standen mehrfach unter russischer Besatzung, erstmalig während des „Großen Nordischen Krieges" (1700-1721)[3]. Diese Seminararbeit legt den Fokus vorrangig auf die unmittelbare Vorgeschichte.

Durch den Hitler-Stalin-Pakt (23. August 1939) entstand für die Sowjetunion die Möglichkeit sich eine Pufferzone aufbauen zu können, ohne einen Angriff von Nazi-Deutschland fürchten zu müssen. Da die sowjetische Hafenstadt Leningrad (heute St. Petersburg), die zweitgrößte Stadt in der Sowjetunion, um jeden Preis vor deutschen Angriffen geschützt werden sollte, war das Ziel die Seeherrschaft im Finnischen Meeresbusen zu erringen. Allerdings war die Nordküste finnisches und ein großer Teil der Südküste estnisches Staatsgebiet[4]. Deshalb annektierte die Sowjetunion die baltischen Staaten ohne große Gegenwehr[5]. Stalin glaubte daran, dass die Verhandlungen genauso schnell und einfach mit Finnland gelöst werden könnten[6]. Doch die Forderungen der Sowjetunion an Finnland, wie zum Beispiel die Verschiebung der Grenze auf der Karelischen Landenge nach Norden oder die Stationierungsrechte für sowjetische Militärstützpunkte im Finnischen Golf[7], wären einer „Aufgabe der finnischen Souveränität gleichgekommen"[8]. Deshalb führten die drei Verhandlungsrunden zu keinem Ergebnis und demzufolge wurden am 13. November 1939 alle diplomatischen Beziehungen zwischen Finnland und der Sowjetunion abgebrochen[9]. Obwohl die Sowjetunion 1932 einen Pakt mit Finnland geschlossen hatte, der die Unabhängigkeit Finnlands garantierte, sah Stalin keine andere Möglichkeit, um den Finnischen Golf zu kontrollieren respektive Leningrad zu schützen, als gewaltsam die Gebiete zu erobern. Dementsprechend kündigte die Sowjetunion am 28. November 1939 ihren Nichtangriffspakt mit Finnland auf und ging zwei Tage später ohne Kriegserklärung zum Angriff über[10]. Das markiert den Beginn des Finnisch-Sowjetischen Winterkriegs 1939/40.

---

[3] Vgl. Klinge, Matti: *Geschichte Finnlands im Überblick.* Helsinki, 1995, S. 49.
[4] Vgl. Roberts, Andrew: *Feuersturm.* London, 2009, S. 51.
[5] Vgl. Van Dyke, Carl: *Soviet Invasion 1939-40,* London 1997, S. 12; siehe auch Jakobsen, Max: *Diplomatie im Winterkrieg 1939/40.* Düsseldorf/Wien, 1970, S. 128f.
[6] Vgl. Van Dyke, S. 16.
[7] Vgl. Roberts, S. 52; siehe auch Van Dyke, S. 17.
[8] Vgl. Roberts, S. 52.
[9] Vgl. Van Dyke, S. 21; siehe auch Jakobsen, S. 169.
[10] Vgl. Roberts, S. 52.

3. Die Ausgangslage

„Die Welt richtete sich darauf ein, abermals dabei zusehen zu müssen, wie ein kleines Land von einem totalitären Riesen zermalmt wurde"[11], so beschreibt der britische Militärhistoriker Andrew Roberts die überwältigende Überlegenheit der Sowjetunion. Die gesamte finnische Armee bestand aus 280.000 Soldaten, die mit 400 Artilleriewaffen (hauptsächlich Kleinkaliberwaffen) und nur mit 32 „veralteten"[12] Panzern bewaffnet waren. Dazu standen der finnischen Luftwaffe 110 Flugzeuge (nur 75 für den Luftkampf ausgerüstet) zur Verfügung[13]. Da die politische Führung Finnlands nicht von einer kriegerischen Auseinandersetzung ausgegangen war, fuhr sie in den Jahren vor dem Winterkrieg einen militärischen Sparkurs, von dem die restliche finnische Wirtschaft profitieren konnte. Allerdings sorgte er auch dafür, dass die finnischen Soldaten im Winter mit „museumsreifen Kanonen"[14] schießen mussten. Die Sowjetunion auf der anderen Seite verfügte über 3800 Flugzeuge, 6500 Panzer und 5700 Feldgeschütze. Dazu ungefähr 500.000 Soldaten (bei Kriegsausbruch) und eine sehr starke Seeflotte[15]. Aufgrund dieser zahlenmäßigen Überlegenheit ging die Sowjetunion „von einem schnellen Sieg aus, wie zuvor in Polen"[16].

4. Die Strategien

Die Strategie der Finnen war simpel: mit allem, was ihnen zur Verfügung stand, ihr Vaterland verteidigen. Die Finnen erkannten, dass das Leben der Nation auf dem Spiel stand. Sie vertrauten ihren Führern und ihrer Armee und wollten die Unabhängigkeit, die sie erst 1917 erlangt hatten, um jeden Preis verteidigen[17].

„Ein jeder, Mann oder Frau, stand tapfer auf seinem anvertrauten Platz, mochte der auch noch so von ziviler Natur sein"[18].

Der Invasionsplan auf sowjetischer Seite war ein Angriff an vier verschiedenen Orten. Die 9. Armee sollte Finnland in der Mitte in zwei Teile teilen, während die 7. und 13. Armee die „Mannerheim-Linie" durchbrechen sollte, um Viipuri die zweitgrößte Stadt Finnlands einzunehmen, unterstützt von der 8. Armee, die Viipuri von Norden her angreifen sollte.

---

[11] Roberts, S. 52.
[12] Tuunainen, S. 2.
[13] Vgl. Ebd.
[14] Jakobsen, S. 124.
[15] Vgl. Tuunainen, S. 2.
[16] Roberts, S. 53.
[17] Vgl. Tuunainen, S. 2f.
[18] Mörne, Hakan: *Winter der Ehre: Finnlands Feldzug der 100 Tage.* Helsinki, 1942, S. 18.

Zudem sollte die 14. Armee im hohen finnischen Norden Nautsi und Petsamo erobern, um Finnland den Zugang zum Eismeer zu verwehren[19].

H. P. Wilmott, ein britischer Militärhistoriker, beschrieb den Plan der Sowjetunion, als „imaginative, flexible and totally unrealistic"[20].

5. Der Kriegsverlauf

Die erste Phase des Krieges war durch ein schnelles Vordringen der Roten Armee geprägt. Innerhalb von zehn Tagen erreichte es die 14. Armee ihre Angriffsziele einzunehmen[21]. Die finnische Armee ließ sich zu befestigten Verteidigungspositionen (zum Beispiel auf die „Mannerheim-Linie"[22]) zurückdrängen. So waren die finnischen Soldaten in dieser Phase vor allem mit „delaying tactics and conducted counterattacks"[23] beschäftigt.

In der zweiten Phase erreichte die Rote Armee die Befestigungsanlagen wie die „Mannerheim-Linie" und es entwickelte sich ein Stellungskrieg. Während dieser Phase gelang es den Finnen mehrere sowjetische Divisionen vernichtend zu schlagen. Diese Erfolge waren für die finnische Armee psychologisch enorm wichtig, um die Moral und die Selbstsicherheit der Soldaten in ihre eigenen Fähigkeiten zu steigern[24]. Im Wesentlichen baute die Verteidigung der Finnen darauf auf, die Gegner zu umkreisen, in kleinere Einheiten zu unterteilen und anschließend einzeln zu zerstören. Durch dieses Vorgehen wurde viel Kriegsbeute erobert. Das Problem an dieser Vorgehensweise war, dass viele Soldaten und schwere Waffen benötigt wurden, die die finnische Armee aber nicht besaß. Deswegen war die Lage für die Finnen „[...] sometimes critical in many sectors"[25].

---

[19] Vgl. Roberts, S. 53.
[20] Wilmott, S. 67.
[21] Vgl. Roberts, S. 53.
[22] Anmerkung: „Der Mythos der Mannerheim-Linie hat sich bis zum heutigen Tag gehalten, [...]. Die Wahrheit aber ist, daß [sic!] sie fast so primitiv wie die panzerbrechende Waffe, der finnische Molotow-Cocktail, war. Sie bestand aus 66 kleinen Betonbunkern, welche sich über die 140 km breite Karelische Landenge verteilten: Mehr als 40 davon waren in den 20er Jahren gebaut und veraltet, aber auch der Rest war nicht stark genug, um heftigem Artilleriefeuer zu widerstehen. [...]. Die wirkliche Stärke der Mannerheim-Linie lag, wie der Marschall selbst betonte, in der ‚Zähigkeit und dem Mut der Soldaten', die sie hielten." Jakobsen, S. 261.
[23] Tuunainen, S. 3.
[24] Vgl. Ebd., S. 5.
[25] Ebd.

Die dritte Phase war durch taktische Veränderungen der Sowjetunion geprägt. Die Rote Armee reformierte ihre Kriegsführung und verbesserte die Koordination der verschiedenen Armeebestandteile[26]. Dadurch, dass der finnischen Armee die Soldaten ausgingen („Sie zogen in dieser Phase schon 15-jährige zum Kriegsdienst ein"[27]) und die Rote Armee dazulernte, erlitt sie zwar weiterhin hohe Verluste, „doch es standen immer frische Truppen bereit, in die Schlacht geworfen zu werden"[28].

So stieß die 123. Division der Roten Armee am 11. Februar 1940 durch die Mannerheim-Linie[29]. Auch wenn die Finnen weiterhin Widerstand leisteten[30], folgten wenig später große Teile der Roten Armee nach, sodass die Hauptverteidigungslinie der Finnen endgültig durchbrochen wurde[31].

Die Sowjetunion drängte auf schnellen Frieden, da sie alliierte Interventionspläne im Schwarzen Meer fürchtete[32]. Gleichzeitig sollte das militärische Prestige der Sowjetunion wiederhergestellt werden, sodass die „Welt davon überzeugt würde, daß [sic!] die Sowjetunion den Krieg dennoch gewonnen habe."[33] Beide Seiten trafen sich zu Friedensverhandlungen, bei denen im Wesentlichen die Forderungen der Sowjetunion, die vor dem Krieg an Finnland gestellt worden waren, erfüllt wurden[34]. Durch den Moskauer Vertrag am 13. März 1940 endete der Finnisch-Sowjetische Winterkrieg.

Für Finnland war der Friede hart[35], aber trotzdem ein moralischer Sieg: Das kleine Finnland hatte der Großmacht Sowjetunion ernsthafte Schwierigkeiten bereitet und wurde am Ende nicht vollends geschlagen[36]. Außerdem konnte Finnland weiterhin für „seine[...] Staatsbürger[...] ein freies Vaterland, abendländische Kultur und Gesellschaftsordnung gewährleisten"[37] und blieb damit von der Sowjetunion unabhängig.

Auf der anderen Seite hatte der Krieg dem Ansehen der Sowjetunion schweren Schaden zugefügt. Die militärische Durchschlagskraft der Roten Armee wurde auf der

---

[26] Wechsel von breiten Flächenangriffen zu konzentrierteren Angriffen gegen die Mannerheim-Linie. „The only strategic option available was to [...] concentrate an overwhelming superiority of force [...] for a 'narrow-front' offensive against the Mannerheim Line". Van Dyke, S. 104.
[27] Roberts, S. 57.
[28] Ebd., S. 58.
[29] Vgl. Ebd., S. 59.
[30] Vgl. Van Dyke, S. 157.
[31] Vgl. Gossens, Hans (Hrsg.): *Geschichte des Grossen Vaterländischen Krieges der Sowjetunion*. Moskau, 1962, S. 320f.
[32] Vgl. Jakobsen, S. 263f.
[33] Ebd., S. 264.
[34] Vgl. Hannula, J. O.: *So kämpfte Finnland*. Helsinki, 1941, S. 135-40.
[35] Vgl. Mörne, S. 7; siehe auch Hannula, S. 139ff.
[36] Vgl. Jakobsen, S. 264.
[37] Hannula, S. 140.

ganzen Welt belächelt[38]. Bis heute gilt der Kriegsverlauf auch als ein wichtiger Faktor, warum Hitler 1941 die Sowjetunion angriff[39].

6. Gründe für den Kriegsverlauf

Aber wie gelang es den Finnen, sich so gut zu schlagen? Die Ausgangslage war eindeutig, die Erwartungshaltung aller Beteiligten und die der restlichen Welt auch.

Trotzdem schaffte es Finnland der Sowjetunion lange standzuhalten und damit alle Beobachter zu überraschen. Wie haben die Finnen dies bewerkstelligt? Welche Faktoren haben den Kriegsverlauf wie beeinflusst? Diese Fragen werden im folgenden Kapitel untersucht.

6.1 Beeinflussung durch äußere Faktoren

Äußere Faktoren können einen Krieg maßgeblich mitbeeinflussen. Auf offenen, ebenen Flächen werden ganz andere Anforderungen und Strategien benötigt als zum Beispiel in felsigen Gebirgen. Genauso ist auch das Wetter respektive die Außentemperatur ein wichtiger Faktor, der nicht nur das Material, sondern auch maßgeblich die Kampfmoral einer Armee betrifft. Inwieweit dieses Thema eine Rolle im Finnisch-Sowjetischen Winterkrieg gespielt hat, wird in den nächsten beiden Abschnitten auf den Grund gegangen werden.

Das Unterkapitel 6.1.1 geht dabei spezifisch auf die Wetterverhältnisse 1939/40 ein und beschreibt deren Auswirkungen auf den Krieg. Im nächsten Abschnitt 6.1.2 hingegen werden die geografischen Besonderheiten Finnlands und wie diese den Kriegsverlauf beeinflusst haben, untersucht.

6.1.1 Wintertemperaturen 1939/40

In mehreren Quellen wird übereinstimmend beschrieben, wie ungewöhnlich hart der Winter 1939/40 gewesen ist. Der Finnisch-Sowjetische Winterkrieg ist der einzige zeitgenössische militärische Konflikt, der unter arktischen Bedingungen stattfand[40].

„[…] zudem fiel die Temperatur in jenem ungewöhnlichen Winter auf bis zu minus 50 Grad Celsius"[41].

„[..]; nur zweimal waren seit 1828 tiefere Temperaturen in Finnland notiert worden"[42].

---

[38] Vgl. Jakobsen, S. 264.
[39] Vgl. Ebd.; siehe auch Roberts, S. 57.
[40] Vgl. Tuunainen, S. 1.
[41] Roberts, S. 55.
[42] Jakobsen, S. 211.

Des Weiteren bezeugen auch sowjetische Quellen diesen besonderen Winter:

„Ein ungewöhnlich harter Winter erschwerte die Gefechtshandlungen. Bis zu 2 Meter hoher Schnee ließ Bewegungen der Truppen [...] nur auf den Straßen zu"[43].

Die besonderen klimatischen Bedingungen waren ein großer Vorteil für die finnische Armee. Sie bewegten sich mit passender Ausrüstung, bestehend aus Langlaufskiern und weißen Tarnanzügen, durch die Wälder. Getarnt, flexibel und schnell unterwegs wechselten die Finnen von Schlachtfeld zu Schlachtfeld[44].

Die Rote Armee auf der anderen Seite war nicht auf die besonderen klimatischen Bedingungen vorbereitet. Das Material der Roten Armee hielt dem starken Frost nicht stand. Der Schießmechanismus der Gewehre funktionierte teilweise nicht mehr, die Kommunikation fiel häufig aus und die Motoren der Fahrzeuge sprangen nicht mehr an. Zudem konnten sich Panzer nur bis ungefähr 30 cm Schnee fortbewegen[45]. Diese Materialschwäche war ein großer Nachteil der Sowjetunion gegenüber Finnland.

6.1.2 Geografische Besonderheiten Finnlands

Durch seine geografische Lage konnte Finnland das Ziel, nämlich im 2. Weltkrieg neutral zu bleiben, nicht erreichen. Die lange, gemeinsame Grenze mit der Großmacht Sowjetunion war ein großer Nachteil für das kleine Land[46].

Auch die Geografie innerhalb von Finnland ist eine besondere. Das Land ist bekannt für seine weiten Flächen voller Wälder und Seen[47]. Diese Charakteristika waren ein wichtiger Faktor bei der Kriegsführung. Die Engpässe im Land boten gute Möglichkeiten der Verteidigung[48].

Zudem liegt Finnland im kaltgemäßigten Klima zwischen dem 60. und 70. Breitengrad. Das bedeutet, die Winter sind kalt und dunkel (s. 6.1.1). Der Vorteil der finnischen Armee war, dass sie für solche Bedingungen trainierten. Die Kämpfer mussten ein spezielles Trainingsprogramm absolvieren, damit sie sich gut im finnischen Terrain bewegen und kämpfen konnten (s. 6.2.1)[49].

Durch die dünne Besiedelung Finnlands, vor allem im Norden, sind die Straßen wenig ausgebaut gewesen. Dieser Umstand bedeutete für die Rote Armee, dass die Bewegung ihrer schweren Panzerverbände nur auf wenigen Straßen möglich war[50].

---

[43] Gossens, S. 315.
[44] Vgl. Roberts, S. 55; siehe auch Jakobsen, S. 211.
[45] Vgl. Van Dyke, S. 107.
[46] Vgl. Tuunainen, 2016, S. 65.
[47] Vgl. Klinge, S. 9.
[48] Vgl. Hannula, S. 28.
[49] Vgl. Tuunainen, S. 62.
[50] Vgl. Jakobsen, S. 211.

Es zeigte sich im ersten Kriegsmonat, dass der Kriegsapparat der Roten Armee „schwerfällig und ungeeignet"[51] für die Bedingungen des Winterkrieges war.

Die Geografie war bei der Kriegsplanung von der Sowjetführung außer Acht gelassen worden. Während sich die Finnen lange darauf vorbereiteten, gereichte auch dieser Umstand der Roten Armee zum Nachteil.

6.2 Betrachtung der militärischen Effektivität der Finnen

Was ist militärische Effektivität?

Militärische Effektivität bedeutet, wie effizient die verfügbaren Ressourcen genutzt respektive aus ihnen militärische Fähigkeiten gewonnen werden.

Ist es den Finnen gelungen die ihnen verfügbaren Ressourcen zu nutzen? Die Frage wird durch die folgenden zwei Unterkapitel (strategische und politische Effektivität; taktische und operative Effektivität) untersucht.

6.2.1 Strategische und politische Effektivität

Im Winterkrieg ging es für Finnland um alles. Das Staatsüberleben stand auf dem Spiel. Deshalb wurden alle verfügbaren Ressourcen benötigt.

Allerdings war in den Jahren vor dem Krieg ein militärischer Sparkurs gefahren worden, der zu einer unzureichenden Ausrüstung der finnischen Armee führte. Es gab zu wenig Waffen, welche wiederum größtenteils nicht die modernen, technologischen Standards der Zeit erfüllten[52]. Profitieren konnte die finnische Armee von einzelnen Ingenieuren, die neue Waffentechnologien entwickelten. Ein Beispiel dafür ist: Aimo Lathi, ein finnischer Waffeningenieur, der mehrere Waffen für die finnischen Soldaten erfand[53]. Aber auch andere Wissenschaftsbereiche unterstützten die finnische Armee mit neuen Technologien. So gab es im Verteidigungsministerium einen Zweig[54] für die Testung von Material, sodass dieses den besonderen Anforderungen des Winterkrieges standhalten konnte. Des Weiteren nutzte ein Nobelpreis-Gewinner (1945), A. I. Virtanen, seine wissenschaftlichen Erkenntnisse, um mit anderen Wissenschaftlern zusammen den „Molotow-Cocktail"[55] zu entwickeln.

---

[51] Ebd.
[52] Vgl. Tuunainen, S. 53.
[53] Vgl. Ebd., S. 54; Zum Beispiel: „9 mm Suomi submachine gun model 1931" (ideal für Kämpfe in nördlichen Waldgebieten)
[54] Vgl. Tuunainen, S. 55. („Chemical Testing Branch")
[55] Anm. benannt nach dem sowjetischen Außenminister Molotow; „[…]: eine Flasche mit dem Gemisch reichlich vorhandener Chemikalien […]. Der Panzerknacker, der nur mit einer Flasche in der Hand kaltblütig auf seine gefährliche Beute wartete, wurde die beliebteste Heldenfigur des Krieges" Jakobsen, S. 210.

Doch das größte Problem der finnischen Armee war der Soldatenmangel. Obwohl 1918, direkt nach dem Unabhängigkeitskrieg, die allgemeine Wehrpflicht eingeführt wurde, hatte Finnland vor allem im Gegensatz zur Sowjetunion zu wenig Soldaten. Diese menschliche Ressource ist in jedem Krieg eine entscheidende.

In einem Krieg, indem alle verfügbaren Ressourcen mobilisiert werden müssen, sind allerdings nicht nur die Soldaten entscheidend, sondern auch die Produktion von Waffen, die durch die zivilen Teile der Bevölkerung hergestellt werden. Deswegen mussten einige, besonders talentierte Arbeiter, in der Waffenproduktion arbeiten und fehlten somit an der Front. Die restliche Arbeit in der Produktion von Munition und Waffen wurde hauptsächlich von Frauen und „other non-combatants"[56] verrichtet[57]. Die Heimatverteidigung war die Aufgabe für die Zivilgarde und die von dem Kriegsdienst befreiten, älteren Leute. Trotzdem waren 280.000 Soldaten[58] (das Maximum an Soldaten, die gleichzeitig in der finnischen Armee kämpften) zu wenig, um es zahlenmäßig mit der Sowjetunion aufnehmen zu können.

Wie wird die militärische Effektivität erhöht trotz begrenzter Soldatenreserven?

Ein möglicher Lösungsansatz ist, die fehlende Quantität durch hohe Qualität auszugleichen. Darauf legten die Finnen großen Wert. Durch das allgemeine Schulsystem und den generell hohen Bildungsstand der finnischen Bevölkerung lernten die auszubildenden Soldaten schnell. Die militärische Ausbildung konnte außerdem auf die wesentlichen Punkte reduziert werden, da die angehenden Soldaten schon andere Fertigkeiten mitbrachten, die für die finnische Kriegsführung wichtig waren (Langlaufski, Überleben in der Wildnis, Fieldcraft[59]). Es zeichnete die finnische Armee aus, dass sie den Krieg im Bewusstsein ihrer besonderen Geografie führten (s. 6.1.2) und deshalb auch speziell für diese Bedingungen trainierten[60]. Das verschaffte ihnen im Winterkrieg gegenüber ihren Gegnern große Vorteile.

Im weiteren Kriegsverlauf traten aber auch Schwierigkeiten auf. Das Problem: Die Reservisten waren nicht annähernd so gut trainiert, wie die anderen Soldaten[61].

Die Ziele von Militär und Politik hatten eine hohe Übereinstimmung. Das gesamte Land teilte ein Ziel: die Unabhängigkeit behalten. Darauf lag der Fokus, sodass alle

---

[56] Tuunainen, S. 59
[57] Vgl. Tuunainen, S. 59.
[58] Vgl. Ebd.
[59] "The techniques involved in living, traveling, or making military or scientific observations in the field, especially while remaining undetected." Quelle: Lexico - Onlineausgabe Oxford Dictionary: https://www.lexico.com/en/definition/fieldcraft
[60] Vgl. Tuunainen, S. 62f.
[61] Vgl. Tuunainen, S. 64.

inneren Bedrohungen oder Streitigkeiten beigelegt wurden[62]. Alle hatten dasselbe Ziel, deshalb gelang eine mustergültige Kooperation zwischen militärischen und politischen Führern. Die Kommunikation zwischen Politik und Militär war offen und der Informationsfluss war jederzeit gewährleistet und verlief größtenteils reibungslos[63].

Carl Gustav Mannerheim, der Oberbefehlshaber der finnischen Armee, war eine Schlüsselfigur. An seiner Person lässt sich erkennen, dass Militär und Politik eng kooperierten. Er hatte ein gutes Gespür für Politik und sorgte dafür, dass wichtige Entscheidungen nach Rücksprache von beiden Bereichen getroffen wurden[64].

„The strategic decisions involved political considerations and reflected history, culture and collective memory" [65].

Welche weiteren Faktoren hatten noch Auswirkungen auf die militärische Effektivität der Finnen?

Durch den zuvor beschriebenen Soldatenmangel spielte die Stationierung und vor allem Mobilisierung der Soldaten eine entscheidende Rolle. Insgesamt gab es neun Divisionen, weswegen das Land in neun Distrikte eingeteilt wurde. Dieses System war schon in Friedenszeiten vorbereitet worden, ein Vorteil im Krieg.

Für die Verteilung und Mobilisierung der Soldaten war die „Civil Guard Organization"[66] zuständig. Diese lokale Organisation ermöglichte durchgehendes Training und eine punktuelle und schnelle Mobilisierung. Die Mobilisierung wurde außerdem durch die Eisenbahn- und Straßeninfrastruktur gefördert, da sich häufig die Mobilisierungszentren in der Nähe von zum Beispiel Eisenbahnstationen befanden[67].

„The innovative system was prerequisite for military effectiveness as it had enabled the fast mobilization and concentration without which the Finns would not have had a chance to perform at all" [68].

6.2.2 Taktische und operative Effektivität

Taktisch stand die finnische Armee vor einer großen Aufgabe. Für eine effektive Kriegsführung fehlten vor allem schwere Waffen. Um diesen Mangel auszugleichen, griffen die Finnen auf Guerilla-Techniken zurück. Schon im 16. Jahrhundert hatten die Finnen mit dieser speziellen Kriegsführung für Schweden gegen das damalige

---

[62] Vgl. Ebd., S. 69.
[63] Vgl. Ebd., S. 68.
[64] Vgl. Ebd., S. 69.
[65] Ebd., S. 69.
[66] Ebd., S. 76.
[67] Vgl. Ebd., S.76f.
[68] Ebd., S. 77.

Russland gekämpft[69]. Das Ziel dieser Techniken war die gegnerischen Soldaten in kleinen Verbänden von der Seite und von hinten anzugreifen (bei diesen Angriffen hatte die Sowjetunion hohe Soldatenverluste zu beklagen). Der Vorteil für die finnische Armee an diesen Guerilla-Techniken war, dass sie ihre eigenen Opferzahlen in Grenzen halten konnten. Aber auch das Zerstören von Infrastruktur (Telefonkabel, Fahrzeuge, Vorräte) der gegnerischen Armee war Teil der finnischen Guerilla-Strategie. Zu dem sorgten die finnischen Ski-Guerillas psychologisch, durch ihr plötzliches Auftauchen, für Furcht, Panik und Verwirrung[70]. Kumuliert wirkte sich diese Art der Kriegsführung negativ auf die sowjetische Kampfmoral aus.

Die Koordination zwischen den einzelnen Armeebestandteilen ist in einem Krieg wichtig, bei der Roten Armee führte das zu Problemen (s. 6.3.2).

Für die finnische Armee war die Integration der Armeebestandteile ein wichtiger Faktor. Vor allem die Kooperation zwischen Infanterie und Artillerie gelang am Anfang des Krieges reibungslos. Im weiteren Verlauf war nicht immer eine Kooperation möglich, da ein Mangel an Munitionen es den Artillerie-Einheiten unmöglich machte, die Infanterie zu unterstützen[71].

Das finnische Eisenbahnsystem ist ein Beispiel für die hervorragende Nutzung von den wenigen Ressourcen, die Finnland hatte (s. 6.2.1). So konnten die Soldaten zum Beispiel schnell an die Grenzen gebracht werden. Diese flexible Mobilität machte die operative Stärke der Finnen aus. Die finnischen Soldaten konnten nicht nur flexibel und schnell zwischen den einzelnen Schlachtorten hin- und her wechseln, sondern waren auch intellektuell flexibel. So wurden die Soldaten im Training dazu ermutigt, in der Schlacht eigenständige, flexible Entscheidungen zu treffen. Es gab also keine starren Vorgaben von der Kommandozentrale, wie zum Beispiel in der Roten Armee[72].

In der Verteidigung der Mannerheim-Linie allerdings war die Flexibilität der finnischen Offiziere begrenzt. Dort war die einzige Taktik, die Stellung zu halten und die Rote Armee nicht durchzulassen[73].

6.3 Betrachtung der sowjetischen Fehler

Um den Kriegsverlauf vollständig zu untersuchen, wird nun die sowjetische Seite untersucht. In diesem Unterkapitel liegt der Fokus vor allem auf den Fehlern der Sowjetführung. Auch wenn der Winterkrieg im Nachhinein ein entscheidender Faktor

---

[69] Vgl. Klinge, S. 33f; siehe auch Tuunainen, S. 85.
[70] Vgl. Tuunainen, S. 85.
[71] Vgl. Ebd., S. 84f.
[72] Vgl. Ebd., S. 90f.
[73] Vgl. Tuunainen, S. 91f.

für den gesamten Kriegsverlauf des 2. Weltkrieges gewesen ist, zeigt sich in diesem Unterkapitel wie viele, einfache Fehler von der Sowjetunion begangen wurden.

Das Unterkapitel 6.3.1 bezieht sich dabei auf die Vorbereitung vor dem Krieg, während sich das danach folgende (6.3.2) auf die Fehler im Krieg konzentriert. Der Abschnitt 6.3.3 bildet ein eigenständiges Unterkapitel, welches vertiefend auf die „Säuberung" in der Sowjetunion eingeht, um zu zeigen, wie die Sowjetführung die Kampfmoral ihrer eigenen Armee erheblich schwächte.

6.3.1 Mangelnde Vorbereitung

Die Rote Armee war schlecht auf den Winterkrieg vorbereitet. So wurden viele Soldaten bei arktischen Bedingungen „ohne Winterkleidung und Filzstiefel"[74] nach Finnland geschickt. Auch das sonstige Material war nicht für einen Winterkrieg geeignet (s. 6.1.1).

Während die Finnen sich jahrelang auf die Bedingungen eingestellt hatten, hatten die sowjetischen Soldaten ihre Kriegsübungen vor allem unter Sommerbedingungen absolviert. Des Weiteren hatten die sowjetischen Soldaten zwar teilweise Skier zur Verfügung, konnten sie aber mangels Trainings nicht benutzen.

Das zeigt, dass die Rote Armee nicht gut vorbereitet gewesen ist. Nach dem Krieg wurden zudem die schwierigen Winterbedingungen instrumentalisiert, um über die großen Organisationsprobleme hinwegzutäuschen[75].

Ein weiteres Problem für die Rote Armee war die Lebensmittelversorgung. Die Sowjetführung war davon ausgegangen, vor Ort Vorräte vorzufinden. Die Finnen aber zerstörten ihre eigenen Dörfer komplett.

„[...] [Sie] zerstörten alles, was den Angreifern als Nahrung und Unterkunft dienen konnte [...]" [76]

Auch psychologisch war die Rote Armee schlecht auf den Winterkrieg vorbereitet. Die sowjetische Propaganda hatte ihnen vor dem Krieg einen leichten Sieg versprochen.

„[...] das finnische Proletariat werde sie als Befreier begrüßen [...]" [77]

Diese Diskrepanz zwischen Propaganda und Realität war nicht förderlich für die Kampfbereitschaft der sowjetischen Soldaten.

---

[74] Roberts, S. 56.
[75] Vgl. Van Dyke, S. 107.
[76] Roberts, S. 55.
[77] Ebd., S. 55.

Auf der anderen Seite ließen sie sich um keinen Preis gefangen nehmen, da ihnen eingeschärft worden war, dass die Finnen alle Gefangenen qualvoll Foltern würden[78].

Diese schlechte psychologische Vorbereitung hatte einen negativen Einfluss auf die Kampfmoral der Roten Armee. Der Psycho-Terror durch die Zermürbungstaktiken der finnischen Armee, verstärkte diese negative Kampfmoral zusätzlich[79].

6.3.2 Fehler in der Kriegsführung

Die Sowjet-Führung hat im Winterkrieg viele Fehler gemacht. Strategisch war die Annahme, dass die Finnen nicht zu Widerstand fähig seien, die größte Fehleinschätzung[80]. Die Sowjetunion unterschätzte die finnische Verteidigung, insbesondere die „Mannerheim-Linie", sodass es der Roten Armee aufgrund schlechter Truppenkoordination und unzureichendem Training nicht gelang, diese zu überwinden[81].

Die Kampfmoral der Roten Armee war zudem, vor allem im Vergleich zur finnischen Armee, gering. Die äußeren Umstände (s. 6.1.1) in Kombination mit schlechter Ausrüstung und generell schlechter Vorbereitung (s. 6.3.1) und zusätzlich die Angst vor der eigenen Führung (s. 6.3.3) führten zu einer geringen Kampfmoral. Wie in Unterkapitel 6.3.1 beschrieben, wurde dies dadurch verstärkt, dass die Propaganda der Sowjetregierung ihnen einen leichten Sieg versprochen hatte[82]. Die Kampfmoral ist einer der wichtigsten Faktoren in einem Krieg. Die Rote Armee war der finnischen Armee in diesem Bereich um Welten unterlegen.

Weitere Fehler kamen hinzu. Die Funksprüche der Roten Armee waren unverschlüsselt, sodass die Finnen diese problemlos abhören konnten[83]. So wussten die Finnen darüber Bescheid, was die Rote Armee plante. Generell spielte der gesamte Operationsplan der Sowjetunion in die Karten der Finnen. So verwendeten die sowjetischen Streitkräfte einige Methoden, die sie auch schon im Ersten Weltkrieg versucht hatten[84]. Carl Gustav Mannerheim, der Namensgeber der Mannerheim-Linie und Oberbefehlshaber der finnischen Armee, zeigte strategische Meisterleistungen, indem er häufig korrekt antizipierte, was die Rote Armee als nächstes machen würde[85]. Diese gravierenden Fehler in der sowjetischen Kriegsführung führten zu weltweitem Spott.

---

[78] Vgl. Hannula, S. 34.
[79] Vgl. Roberts, S. 56.
[80] Vgl. Wilmott, S. 67.
[81] Vgl. Van Dyke, S. 104.
[82] Vgl. Roberts, S. 55; „[...] das finnische Proletariat werde sie als Befreier begrüßen [...]"
[83] Vgl. Roberts, S. 56.
[84] Vgl. Hannula, S. 34.
[85] Vgl. Roberts, S. 53ff.

Doch die Sowjetunion lernte aus diesen Fehlern. Nachdem ihre Militärs anfangs außer Acht ließen, dass dieser Finnlandfeldzug ein besonderer war, lernten sie am Ende doch einiges aus dem Winterkrieg[86]. Die Rote Armee reformierte Anfang Februar 1940 ihre Kampfstrategie, indem sie ihre Truppen besser koordinierte und geschickter angriff[87].

6.3.3 Schwächung der Roten Armee durch „Säuberung"

Über die sogenannte „Säuberung" ist wenig bekannt. Die Massenmorde der Sowjetregierung wurden vor der Weltöffentlichkeit und der eigenen Bevölkerung geheim gehalten[88]. Erst durch die Öffnung alter sowjetischer Archive wurde das wirkliche Ausmaß der „Säuberung" sichtbar.

Aber was war die sogenannte „Säuberung"?

Spätestens 1934 fasste Stalin den Entschluss die „Schicht der alten Bolschewiki [zu] vernichten" [89]. Für Stalin war es der einzige Weg, seine Macht dauerhaft zu erhalten.

„[Stalin] verfolgte eine verbrecherische Politik, aber die einzige, bei der sich die Diktatur halten konnte [...]"[90].

Stalin wollte sich aller Personen oder Gedanken, die nicht direkt seiner Ideologie folgten, entledigen, um seine Macht zu erhalten, also konkret, um Revolutionen und Demonstrationen gegen das Regime zu verhindern.

Die große „Säuberung" fand vor allem in den Jahren 1936-38 statt, wobei das Jahr 1937 besonders hervorzuheben ist. Auch davor und danach hat es Aktionen gegeben, die je nach Definition zu der großen „Säuberung" dazu gezählt werden.

Es wird Stalin nachgesagt, dass er misstrauisch und in letzten Lebensjahren geradezu paranoid war und an Verfolgungswahn litt[91]. Der Plan der „Säuberung" aber wurde mit großer Genauigkeit durchgeführt. Stalin zeigte „in seinem Handeln keine paranoide Ruhelosigkeit, sondern im Gegenteil eine erstaunliche, übermenschliche Selbstbeherrschung und genauestes Kalkül"[92]. Molotow, aber auch andere wichtige Stalinisten, unterstützten den Kurs Stalins. Ihrer Meinung nach war es vertretbar für die „große Idee des sowjetischen Sozialismus Menschenleben [zu] opfern [...]"[93].

---

[86] Vgl. Jakobsen, S. 265.
[87] Vgl. Van Dyke, S. 104; siehe auch Jakobsen, S. 265.
[88] Vgl. Naimark, Norman M.: *Stalin und der Genozid*. Berlin, 2010, S. 15.
[89] Vgl. Rogovin, Vadim Z.: *1937: Jahr des Terrors*. Essen, 1998, S. 12.
[90] Vgl. Rogovin, S. 12.
[91] Vgl. Rogovin, S. 13.
[92] Rogovin, S. 13.
[93] Naimark, S. 14.

Die „Säuberungen" stärkten zwar die innenpolitische Position des Regimes, schwächte aber den gesamten sowjetischen Staat. So wurden zum Beispiel einige der erfahrensten und am besten qualifizierten Mitarbeiter der Geheimdienste und der diplomatischen Dienste entfernt[94]. Aber auch in allen anderen gesellschaftlichen Bereichen fielen viele Menschen (insgesamt je nach Schätzung Millionen) den „Säuberungen" zu Opfer.

Damit schwächte sich die Sowjetunion gerade in Betracht des anstehenden Weltkrieges.

„At a time when the soviet leadership was most in need of reliable intelligence, both diplomatic and military, its intelligence services were at their intellectually weakest"[95].

Diese Schwäche der Roten Armee zeigte sich gerade am Anfang des Winterkrieges. Besonders fatal war die moralische Wirkung der „Säuberungen" auf die sowjetischen Truppen, die Soldaten mussten nicht nur ihre Gegner, sondern auch ihre eigene Führung fürchten[96].

Wie groß allein der Faktor, der vorangegangenen „Säuberungen" letztendlich auf den Kriegsverlauf war, ist nicht eindeutig rekonstruierbar. Sicher ist aber, dass es ein Faktor war, der die Kampfmoral und damit auch den Kriegsverlauf beeinflusst hat.

Stalin hat durch seine Politik zur Schwächung seiner eigenen Armee im Zweiten Winterkrieg beigetragen.

---

[94] Vgl. Shukman, H. (Hrsg.): *Stalin and the Soviet-Finnish War*. Oregon, 2014, S. xxiv.
[95] Ebd.
[96] Vgl. Roberts, S. 58.

7. Resümee

Wie ist es, dem kleinen David (Finnland) gelungen sich so gut gegen Goliath (Sowjetunion) zu schlagen?

Wie in der biblischen Geschichte geht der Kampf nicht so eindeutig aus, wie vorher angenommen. David trifft Goliath mit einem Stein, sodass dieser daraufhin tot umfällt. Die Sowjetunion fiel nicht tot um, stattdessen lernte die Rote Armee aus ihren Fehlern und gehörte am Ende des Zweiten Weltkrieges zu den Siegermächten. Trotzdem gelang es Finnland, sich nicht so einfach von der Sowjetunion schlagen zu lassen.

Die Gründe hierfür waren, wie in der Arbeit ausgeführt, multikausal. Auf der einen Seite spielten die äußeren Bedingungen und die geografische Lage in die Karten der Finnen. Sie trainierten seit Jahren für genau dieses Terrain und auch ihre Ausrüstung war speziell für die besonderen Bedingungen angefertigt.

Außerdem zeigten die Finnen trotz ihrer unglaublichen Unterlegenheit Kampfgeist und militärische Effektivität. Die finnische Armee nutzte die wenigen Ressourcen, die ihnen zur Verfügung standen, optimal aus. Die finnische Bevölkerung war sich darüber im Klaren, dass das Überleben ihrer Nation auf dem Spiel steht. Deswegen hielten alle zusammen, vertrauten in ihre eigene Stärke, auf ihre Führer und ihre Soldaten. Durch gutes Training, Zermürbungstaktiken und einer unglaublichen Kampfmoral wuchsen die Finnen militärisch über sich hinaus und überraschten alle Beobachter.

Die Rote Armee trug auch ihren Teil zum eigenen Versagen bei. Sie war schlecht vorbereitet, sowohl materiell als auch taktisch und psychologisch. Zudem machte die Sowjetunion, vor allem im ersten Teil des Krieges, große und viele Fehler. Die Unterschätzung ihres Gegners und seinen Verteidigungslinien führte zu zahlreichen Verlusten während des Winterkrieges. Durch ihre schlechte militärische Performance wurde die Rote Armee auf der ganzen Welt verspottet und ihre Stärke deutlich unterschätzt.

Insgesamt war der Finnisch-Sowjetische Winterkrieg ein besonderer Krieg. Er fand unter besonderen Bedingungen statt, hatte überraschende Wendungen und bot ungewöhnliche Kriegstechniken.

Obwohl der Krieg eher zu den unbekannteren Konflikten innerhalb des 2. Weltkrieges zählt, hatte er eine wichtige Bedeutung für den Verlauf des Weltkrieges.

8. Literaturverzeichnis

8.1 Primärliteratur

Mörne, Hakan: *Winter der Ehre: Finnlands Feldzug der 100 Tage*. Universitas Verlag, Berlin, 1942.

8.2 Sekundärliteratur

Calvocoressi, Peter, Wint, Guy, & Pritchard, John: *Total War: Causes and Courses of the Second World War* (2. ed.). Pantheon Books, London, 1972.

Gossens, H. (Hrsg.): *Geschichte des Grossen Vaterländischen Krieges der Sowjetunion*. Deutscher Militärverband, Berlin, 1962.

Hannula, Jannula O.: *So kämpfte Finnland*. Wiking Verlag, Berlin, 1941.

Jakobsen, Max: *Diplomatie im Finnischen Winterkrieg 1939/40*. Econ Verlag, Düsseldorf/Wien, 1970.

Klinge, Matti: *Geschichte Finnlands im Überblick*. Ottava Verlag, Helsinki, 1995.

Naimark, Norman M.: *Stalin und der Genozid*. Suhrkamp Verlag, Berlin, 2010.

Roberts, Andrew: *Feuersturm: Eine Geschichte des Zweiten Weltkrieges*. C. H. Beck, London, 2009.

Rogovin, Vadim Z.: *1937: Jahr des Terrors*. Arbeiterpresse-Verlag, Essen, 1998

Shukman, H. (Hrsg.): *Stalin and the Soviet-Finnish War*. Routledge, Oregon, 2014.

Tuunainen, Pasi: *Finnish Military Effectiveness in the Winter War 1939-40*. Palgarve Macmillan, London, 2016.

Van Dyke, Carl: *The Soviet Invasion of Finland 1939-40*. Frank Cass, London, 1997.

Wilmott, Hedley P.: *Great Crusade: A new complete history of the second world war*. Pimlico, London, 1989.

8.3 Internetquellen

Lexico - Onlineausgabe Oxford Dictionary:

URL: https://www.lexico.com/en/definition/fieldcraft (Stand: 08.09.2021)